मंजु 'मन' के हाइकु

इन्द्रधनुष

(हाइकु संग्रह)

मंजु 'मन'

डायमंड बुक्स

www.diamondbook.in

प्रकाशक : डायमंड पॉकेट बुक्स (प्रा.) लि.
X-30 ओखला इंडस्ट्रियल एरिया, फेज–II
नई दिल्ली – 110 020
फोन : 011- 40712200
ई–मेल : sales@dpb.in
वेबसाइट : www.diamondbook.in
संस्करण : 2021

मुद्रक :

Indradhanush - Haiku Sangrah
by : *Manju 'Mann'*

समर्पण

हर छोटे से छोटे
'अव्यक्त' भाव को

आत्मकथ्य

हाइकु को अनुभूति के चरम क्षण की कविता कहा जाता है। हर व्यक्ति के मन में हर वक्त अनेक भाव उमड़ते-घुमड़ते रहते हैं जो या तो उसे गुदगुदाते हैं या विह्वल कर जाते हैं। कभी हम प्रकृति के सौन्दर्य से प्रभावित होते हैं तो कभी किसी व्यक्ति से या उसकी बात से। कभी जीवन के किसी क्षण को याद रखना चाहते हैं तो कभी उससे बहुत कुछ सीखना चाहते हैं। फिर रोजमर्रा की जिंदगी में बहुत कुछ घटते देखते हैं जिसे देखकर कभी पर्यावरण के प्रति चिंता होती है या कभी सजगता। ऐसी अनेक परिस्थितियों से व्यक्ति हर वक्त रूबरू होता है। उन अनुभूतियों को व्यक्त करने का शायद सबसे सशक्त माध्यम हाइकु है।

जब मैं अपने बाग में लगे पौधों से बातें करती हूँ या सर्र से सरपट दौड़ती गिलहरी को धरती में बीज छुपाते देखती हूँ तो मेरा मन भी पर्यावरण को सजोने का हो जाता है। कैसे ईश्वर के बनाए छोटे-छोटे जीव प्रकृति के ऋण को चुकाते हैं। बारिश के दिनों में निकले केंचुए शायद एक अनभिज्ञ व्यक्ति के लिए गिलगिले कीड़े से ज्यादा कुछ नहीं जो यह नहीं जानता कि कैसे ये छोटे-छोटे कीड़े धरा की उर्वरा शक्ति को बढ़ाने आते हैं।

कविता मेरे लिए संवाद का जरिया है। फिर वो नई कविता हो या हाइकु। अपने मन के संवाद इस से पहले दो काव्य संकलन ("मन तरंग" और "एक बात और") के जरिए आप तक पहुंचे। अब हाइकु (जापानी विधा के हिंदी रूपांतरण और अनुशासन में बंध कर लिखी गई कविता) के जरिए यह संकलन आपके हाथों में सौंप रही हूँ।

इस उम्मीद में कि जैसे पहले दो संकलन स्वीकारे और सराहे, इसे भी अपने दिल में स्थान देंगे।

–मंजु 'मन'
कवयित्री एवम लेखिका
राजपत्रित अधिकारी
भारत सरकार

भूमिका

मंजु 'मन' के पहले कविता-संग्रह 'मन-तरंग' की मैंने जब भूमिका लिखी थी तब मुझे मंजु की काव्य-प्रतिभा का ज्ञान हुआ। वह भारत सरकार की अवर सचिव रही हैं और सरकारी फाइलों में फैसले करने के साथ काव्य-रचना में आनन्द की अनुभूति करती रही हैं। उनके अभी तक दो कविता-संग्रह - 'मन-तरंग' (2012) तथा 'एक बात और' (2014) प्रकाशित हो चुके हैं, साथ ही 'महामना' के जीवन चरित्र पर उनकी एक पुस्तक प्रकाशित हो चुकी है। और अब उनका पहला हाइकु संग्रह 'इन्द्रधनुष' प्रकाशित होने जा रहा है।

मंजु 'मन' काव्य-प्रतिभा की धनी हैं। कविता उनके जीवन का अंग है। जीवन कविता का रूप होता है और जीवन के अनेक दृश्य इन्द्रधनुष की तरह काव्याकाश में उभरने लगते हैं। मंजु की कविता में जीवन की गहरी अनुभूतियाँ हैं और कुछ नए बिम्ब हैं जो उनकी सौंदर्य दृष्टि से परिचित कराते हैं।

'इन्द्रधनुष' हाइकु-संग्रह है। हाइकु एक जापानी छंद है और इसमें 17 वर्ण होते हैं और 5-7-5 के रूप में तीन पंक्तियों में लिखा जाता है। हाइकु एक प्रकार से अनुभूति के गहनतम क्षण की अभिव्यक्ति है, जिसमें भाव और सौंदर्य की चेतना भी चरम अवस्था में होनी चाहिए। हाइकु की इस अनिवार्य शर्त के कारण दो-चार श्रेष्ठ हाइकु लिखने वाला महाकवि की कोटि तक पहुँच जाता है। भारत में हाइकु के आरम्भ करने तथा उसे विकसित करने में रवीन्द्रनाथ टैगोर, अज्ञेय तथा प्रो. सत्यभूषण वर्मा

का महत्त्वपूर्ण योगदान है। प्रो. वर्मा ने हाइकुओं का हिन्दी में अनुवाद सीधे जापानी भाषा से किया और हिन्दी हाइकु की आधार भूमि तैयार की, अनुवाद किए, पत्रिका निकाली तथा हाइकु-क्लब बनाया।

मंजु 'मन' का हाइकु-संग्रह 'इन्द्रधनुष' इसी परम्परा से खिलने वाला हाइकु-पुष्प है। 'इन्द्रधनुष' में 700 हाइकु हैं जो इन सात शीर्षकों के अन्तर्गत प्रस्तुत किये गए हैं:- प्रकृति की सौगात (100), पर्यावरण के साथ (100), जीवन की डोर (100), पींगे प्रेम की (100), रिश्तों की धरोहर (100) तथा भक्ति की लहर (100) तथा भारत के तीज-त्यौहार (100)। इस विभाजन का यह लाभ है कि मंजु की एक भावधारा की अनुभूतियों को एक ही स्थान पर निरन्तरता में पढ़ा जा सकता है और यह भी स्पष्ट होता है कि उनके पास हाइकु-रचना के लिए विषयों का अभाव नहीं है। ये हाइकु कवयित्री के मन के दर्पण हैं, प्रकृति एवं पर्यावरण के सुन्दर बिम्ब हैं, जीवन की सुख-दुखपूर्ण संवेदना हैं, प्रेम एवं मानवीय रिश्तों के उतार-चढ़ाव हैं तथा ईश्वर के प्रति आस्था का स्वर है और यही उनकी इन्द्रधनुषीय गहन भावाभिव्यक्ति का स्मरणीय चित्र है।

मंजु 'मन' को इस 'हाइकु-संग्रह' **इन्द्रधनुष** के लिए बधाई, लेकिन इन्द्रधनुष का यह पहला रंग है, अभी उन्हें ऐसे कई रंगों वाले हाइकु-संग्रह देने हैं।

-कमल किशोर गोयनका
केन्द्रीय हिन्दी संस्थान, आगरा
उपाध्यक्ष, भारत सरकार

ए-98, अशोक विहार
फेज प्रथम, दिल्ली-110052
मोबाइल : 9811052469

अनुक्रमणिका

1.

प्रकृति की सौगात

1.

पानी बरसा,
जब मन तरसा
दिल सरसा

2.

पानी बरसा
करके झम-झम
नयन नम

3.

चिड़िया रानी
डोले मेरे अंगना
जैसे सजनी

4.

धुंध के मारे
ओढ़े श्वेत चादर
सोई प्रकृति

5.

उमड़े घन
टिपटिपाती बूंदें
भिगोए मन

6.

जेठ के बाद
करती गीली पट्टी
माथे बरखा

7.

गिलहरियाँ
फुदक-फुदक आ
दाना खा के जा

8.

सावन आया
बढ़ा गया अगन
तन-मन की

9.

ऋतु वसंत
बहे अनिल मंद
मृदुल स्पर्श

10.

धरा गगन
मिलें एक दूजे से
ओढ़ कोहरा

11.

गरजता क्यों
बरसता क्यूँ नहीं
सूखा बादल

12.

लगे पहाड़
सीढ़ी पे बैठा हुआ
उठाए नभ

13.

शोर-शराबा
हो रहा गगन में
भीगेगी धरा

14.

कभी रुई से
कभी दुधिया झाग
लगें बादल

15.

धवलगिरी
छोटे सफेद मोती
तुहिन कण

16.

बाल-अरुण
चले गुडहलियाँ
ऊषा माँ आई

17.

खिली सरसों
लगाया उबटन
धरा ने देखो

18.

घन तबला
तक धिन-धिन ना
थिरकी बूँदें

19.

दिन-दहाड़े
किडनैप सूरज
काले घन ने

20.

वो है प्रकृति
देना जिसने सीखा
सबको सदा

21.

छुपा-छुपी का
खेल खेलती धूप
ठंड में सदा

22.

कांटे ओढ़ के
आती है तन पर
गर्मी में धूप

23.

कालिख मल
नभ के मुख पर
हंसी बरखा

24.

उसका रूप
चमकता सूरज
ओसारे धूप

25.

तपती धरा
पड़े पांव में छाले
गुस्सा निकाले

26.

हवा झुलाए
देकर मीठी लोरी
पेड़-पौधों को

27.

व्योम के रंग
लाल, नीले व काले
औढे दुशाले

28.

उषा की लाली
भरा माथे सिन्दूर
नभ ने जरा

29.

मोती सा फूल
बैठा छुपा के गंध
है मोगरे का

30.
घेवर, झूले
सावन की निशानी
बड़ी पुरानी

31.
मीठे-मीठे से
सावन के जेवर
गोल घेवर

32.
सावन आता
प्रकृति पर छाए
प्यार का नशा

33.
लिपटी धूप
बन कर तौलिया
पोंछी पत्तियां

34.
डाला कम्बल
बादलों ने नभ पे
मिले धरा से

35.

चुआ पसीना
सूरज हुआ लाल
हाल बेहाल

36.

सावन होली
मेघ की पिचकारी
मारे गगन

37.

फूल पत्तियां
पहन कर धरा
है महकती

38.

काले बादल
भर के नेह जल
चले चंचल

39.

बढ़ा आकाश
बन कर के मेघ
छू ली धरती

40.

फूल सिन्दूर
हरियाली है साड़ी
धरा दुल्हन

41.

धूप के पांव
होते अंगार भरे
तू रह परे

42.

डाली-डाली पे
कोकिल है कूकता
रस का घड़ा

43.

काले बादल
जम कर बरसे
मिटी तपन

44.

इन्द्रधनुष
सतरंगी किरणें
मारे लश्कारा

45.

लगे है पग
फूलों का सा आलता
सजेगा जग

46.

रूठेगा रवि
चला जाएगा छोड
होते ही सांझ

47.

आँख मिचोली
खेल रही है धूप
जाओ ! पकड़ो!

48.

घिर आया है
वसंत का उत्सव
तुम्हारे लिए

49

शुभागमन
ऋतुराज वसंत
नवजीवन

50.

अंतर पाटे
आकाश पाताल का
बिचौलिया भू

51.

मेघ की रस्सी
सावन मोहपाश
खिला पलाश

52.

सौंधी खुशबू
है प्यार का पैगाम
भेजा धरा ने

53.

मेघ के रूप
हाथी, घोडा, दानव
जो चाहे देखो

54.

झूमता हाथी
लगे कभी बादल
कभी पिशाच

55.

नभ के बच्चे
देखो कितने सारे
चाँद-सितारे

56.

नभ निकाले
ढेरों तारे-सितारे
जेब में रखे

57.

माह आषाढ़
धुले पाषाण सभी
गले मिट्टी से

58.

नभ बरसे
तब नाचू जम के
चाहता मोर

59.

सर्दी है भागी
धूप की उंगलिया
तन पे लागी

60.

जब्त कर ली
अंधेरे की गठरी
सूर्यदेव ने

61.

टांक लिए है
चादर में अपनी
नभ ने तारे

62.

रात में तारे
जीरो वाट के बल्ब
टिमटिमाते

63.

बाल अरुण
चलें गुडहलिया
साँझ- सवेरे

64.

फिर नदी ने
चट्टान की कटि पे
दे दी थपकी

65.

हरी दूब पे
बैठी ओस की बूंद
रखे अधर

66.

ऊँचाई पर
बतियाते तो होंगे
उड़ते वक्त

67.

जगाने आया
अपनी छुअन से
सूर्य धरा को

68.

खेलती रही
अल्हड सी किरणें
धरा के साथ

69.

सजा है ताल
कमल के फूलों से
खिले हैं लाल

70.

फुनगी पर
बिना तीज त्यौहार
उसका झूला

71.

ओस की बूंदे
देती नवजीवन
दूब पे पड़ी

72.

नभ को चली
दुखड़ा बता कर
बरस गई

73.

गोद भराई
खिला धरा पे फूल
करे वसंत

74.

लदे डालियां
महकी फुलवारी
आया वसंत

75.

वर्षा आएगी
खुल कर जिएगी
पूरी प्रकृति

76.

हमारे जैसे
न ओढ़ती छतरी
देखो प्रकृति

77.

अमलतास
पा के धूप चुबंन
खिलखिलाए

78.

देख धरा को
लश्कारा है मारते
चाँद सितारे

79.

टिमटिमाता
तिमिर को हटाता
नन्हा सितारा

80.

धरा की चोली
टांक दिए सितारे
जगमगाए

81.

बिना तेल के
जले नभ में दीप
झिलमिलाए

82.

लगा है कर्फ्यू
सुलगती धूप का
परेशां सब

83.

उतरी बूंदे
घुंघरू बांध कर
नाचती रहीं

84.

थका सूरज
बादलों की चादर
तान के सोया

85.

मारे लश्कारा
दहाडे भी बिजली
है गुस्सा भरा

86.

छुपा लेता है
आसमान जेब में
दिन में तारे

87.

टिमटिमाए
चाँद के साथ रोज
रोशनी लाए

88.

टॉर्च के जैसे
मध्यम रोशनी दें
रात में तारे

89.

सूरज रुलाए
चिलचिलाती गर्मी
सांझ भी तपे

90.

डटी हुई है
जालिम ठण्ड, जैसे
खुरांट नारी

91.

आग-बबूला
दर-दर भटका
धूपिला दिन

92.

जेठ महीना
फटी धरा की एड़ी
पड़े फफोले

93

गर्म मौसम
पसरी रहती है
अधेड़ धूप

94.

मिली सागर
कौमार्यावस्था टूटी
अब नदी का

95.

साँझ सवेरे
बदलता चादर
कितनी बार

96

पंख फैलाए
करती रसपान
सुनहली तितली

97.

पनिहारिन
प्यास बुझा कर जा
ला पानी पिला

98.

पनिहारिन
छलकाए गगरी
भीगी नगरी

99.

बरसे मेघ
जितनी चाहे भर
मन की डग

100.

कागजी किश्ती
गला गई बरखा
मन तड़पा

2.

पर्यावरण के साथ

1.
करे तांडव
प्लास्टिक का दानव
धरती पर

2.
शुभ संकल्प
प्रदूषण हटाओ
धरा बचाओ

3.
उड़ता गया
हरा रंग धरा का
जैसे कपूर

4.
टमाटर भी
नहीं रहेंगे लाल
धरा बेहाल

5.

कुल्हाड़ी देख
पंछी, गिलहरी को
लगता डर

6.

पेड़ भी तो हैं
मशीन, कारखाना
बनाएं हवा

7.

पेड़ लगाओ
ऑक्सीजन की खान
है इनमें ही

8.

पेड़ करता
ऑक्सीजन प्रोड्यूस
बिल्कुल मुफ्त

9

मिले रोशनी
हरी-हरी दूब से
बढ़ा कदम

10.

खूब बहाओ
दिन-रात पसीना
न बहा पानी

11.

पौधे लगा के
भर धरा के घाव
मिलेगी छाँव

12.

है रातों-रात
प्लास्टिक का जहर
करे तबाही

13.

ले जाओ साथ
न हो शहर मैला
अपना थैला

14.

प्रकृति मित्र
जो करता हमेशा
हरे उपाय

15.

वातावरण
लाएं कहाँ से नया
इसी को बचा

16.

सौंदर्य बोध
कटा पेड़ के साथ
अब न बचा

17.

पर्यावरण
नहीं है ये पराया
करो वरण

18.

धरती उष्म
स्थिति हुई विषम
न काटो वन

19.

काटेगा पेड़
बैठेगा किस छावं
जलेगा पांव

20.

फूल पत्तियां
है श्रृंगार धरा का
मत मिटाओ

21.

लाल सुमन
सिन्दूर है धरा का
खिल जाने दो

22.

पौधे लगाओ
धरती को बचाओ
भाग्य जगाओ

23.

पेड़ लगाओ
धरती करती है
श्रृंगार हरा

24.

शहर बने
गाँव हो गए खाली
रोए कुदाली

25.
काटने लगे
जंगल के जंगल
है अमंगल

26.
काट दिए हैं
हर तरफ वन
उदास मन

27.
कटे जंगल
सहम के बैठा है
हरेक पंछी

28.
पेड़ लगाओ
शहर में मंगल
लाए जंगल

29.
हरी ठौर थी
ठूंठ हो गए पेड़
डली है रेड

30.

व्यर्थ बहाते
पानी को तरसोगे
न बदलोगे

31.

सुन सिसकी
कट गए हैं वन
धरा की जरा

32.

ये प्रदूषण
मुंह बाहे है खड़ा
ज्यूँ खरदूषण

33.

नहीं आएंगे
उजाड़ में परिंदे
मर जाएंगे

34.

न ही जमीन
बची है प्लास्टिक से
न ही समुंद्र

35.

है प्रदूषण
फैला सब जगह
बिना वजह

36.

कैसे जीवित
पानी है प्रदूषित
बचेगी मीन ?

37.

कैसे मनाए
रूठ गई है धरा
प्रकोप बड़ा

38.

हैं पेड़-पौधे
नेचुरल कूलर
मिले ठंडक

39.

किस्मत खोटी
जार-जार है रोती
धरा हमारी

40.

संभालो इसे

न फिर पछताना

पेड़ उगाना

41.

नहीं अलग

मानव सभ्यताएं

और प्रकृति

42.

विकास करो

विज्ञान, तकनीक

विनाश नहीं

43.

पीपल, नीम

एलो-वीरा, तुलसी

धरा रक्षक

44.

यज्ञ न कर

नेमतें हैं पृथ्वी की

संजो के रख

45.

प्रभु प्रदत्त
पहाड़, वन, नदी
सहेजो इन्हें

46.

बढ़ा जब भी
मानव हस्तक्षेप
उजड़ी धरा

47.

हस्तक्षेप से
संतुलन खराब
होता पृथ्वी का

48.

यज्ञ के जैसे
करें वायु को शुद्ध
पादप-पौधे

49.

परिवर्तन
जल, वायु, पृथ्वी में
न, अब नहीं

50.

लगाओ पेड़
हटाओ प्रदूषण
जन-कल्याण

51.

यज्ञ से नहीं
संकल्प से बचाओ
प्रकृति, प्राणी

52.

समाज बन्धु
संजोए जो प्रकृति
बच्चों के जैसे

53.

विटप, वन
हैं मानव के जैसे
अमूल्य निधि

54.

कण-कण में
परमात्मा का वास
पूजो प्रकृति

55.
प्रकृति पूजा
है सबसे महान
प्रकृति प्रभु

56.
मेरे गाँव से
कट गई निबोरी
बढ़ी घुटन

57.
धरती पर
भर गया प्लास्टिक
स्थिति गम्भीर

58.
ओजोन फटी
है बड़ी दुर्घटना
करो इलाज

59.
रोता सागर
जब से प्रदूषित
हुई नदियाँ

60.

गंदगी भरी
नहीं मिलना चाहें
सागर नदी

61.

सूरज गुस्सा
पड़े पांव में छाले
धरा के देखो

62.

कंकड़ बढे
उजड़ी वनस्पति
रोए धरती

63.

निडर पंछी
झूलें बिजली तार
डरते नहीं

64.

प्यासी चिड़िया
है नजर गडाए
दो बूँद पानी

65

केंचुए आए
लौटाएगें धरा को
उर्वरा शक्ति

66.

गिलहरियाँ
दबा देती हैं बीज
धरा रक्षक

67.

पल्लव सूखा
गिर कर बिखरा
हुआ न हरा

68

प्रलय न हो
उड़े काले बादल
डरेवा बन

69

आया अंधड़
कर गया विनाश
लगा थप्पड़

70

नभ में छेद
डंक सा डस लिया
प्रदूषण ने

71

करेगी कम
लोहड़ी की समीधा
शीत लहर

72

गाँव शहर
बनना चाहता है
हर पहर

73

कार पूलिंग
या जन यातायात
बचाओ तेल

74

वर्षा का पानी
उपाय हार्वेस्टिंग
व्यर्थ हो रहा

75

भरा प्लास्टिक
हलाकान मछली
है पानी में भी

76

धुंधली हुई
फीका लगे आकाश
तारों की बत्ती

77

न बची ओस
होती ऐसिड रेन (वर्षा)
ओजोन छेद

78

बेमौसम ही
गर्मी, सर्दी, बारिश
बचाओ धरा

79

समुद्री पानी
कभी न पी पाओगे
संजोओ जल

80

असंतुलन
बिगडा सब कुछ
जीवन चक्र

81

पराली से भी
प्रदुषित माहौल
धुंआ बढ़ता

82

चूल्हे का धुँआ
नहीं करता तंग
गैस है आई

83

विष के जैसा
सिगरेट का धुंआ
फेफडे ग्रस्त

84.

अब नहीं है
इन्द्रधनुष कहीं
दूषित नभ

85.

स्वच्छ पवन
रखो धरा गगन
बढाए आयु

86.

विटप वन
धरा के आभूषण
सस्ते में बनें

87.

रोप दो पौधे
हरित परिधान
ओढ़ती धरा

88.

धरती हरी
निर्मल हवा, पानी
स्वस्थ हों प्राणी

89.

है विकराल
प्रदूषण का सर्प
डसे जीवन

90.

वृक्ष लगाओ
मत करो बर्बाद
करो आबाद

91.

सींच दो पौधा
रहो प्रकृति संग
तोड़ो न फूल

92.

साफ–सफाई
पर्यावरण रक्षा
खुद की रक्षा

93.

जीवन बल
शुद्ध पवन जल
समस्या हल

94.

विश्व कल्याण
का करो आयोजन
पौधे रोपण

95.

वृक्ष लगाओ
वर्षा का उपहार
देगी प्रकृति

96.

हो हरियाली
स्वच्छ पर्यावरण
हो खुशहाली

97.

पेड़-पौधे दें
फल-फूल व छाया
न काट इन्हें

98.

जंतु बचाओ
जंगल में मंगल
भी है जरुरी

99.

वन्य जीवन
भी होता अनमोल
इन्हें बचाएं

100.

वन वीरान
न छीनो पहचान
जीव-जंतु की

3.

जीवन की डोर

1.

युधिष्ठिर वो
जीवन के रण में
रहे अडिग

2.

गांडीव उठा
जीवन महाभारत
बन अर्जुन

3.

गगनचुम्बी
केवल इमारतें
जीवन नहीं

4.

न हो विक्षप्त
उठ कर खुद, हो
विजय तृप्त

5.

बिखेरो खुशी
संवहनीय है ये
फैलाओ इसे

6.

हमेशा करो
केवल खुशी की बात
गम की नहीं

7.

तुम्हें मिलेगा
दुखड़ा रोने से क्या?
हल इसका

8.

बनो अर्जुन
जिंदगी के रण में
हर क्षण में

9.

जिद्दी परिंदा
करता है ख्वाहिशें
होता घायल

10.

अमूल्य मौन
बनता झगड़ों में
रक्षा कवच

11.

फैली मुस्कान
बना स्वागत द्वार
हमारा दिल

12.

शांत दिमाग
करे मुश्किलें हल
है हथियार

13.

जीवन मंत्र
संयम, संतुलन
शांत दिमाग

14.

हैं दिलचस्प
गलतफहमियाँ
लाती दूरियां

15.

सहज जीना
बहुत बड़ी कला
होता कठिन

16.

नहीं रहा वो
गुजरा है कारवां
लिखा जिसने

17.

चुप रहना
आवाज है खुदा की
बोलना व्यर्थ

18.

सीखना रुका
जैसे थमी हो सांस
जीवन रुका

19.

जीतूँगा मैं ही
चाहे तुरंत नहीं
पर जरूर

20.
जी भर जियो
क्या पता कल न हो
क्यूं करें फिक्र

21.
छोटे नयन
देखें बडे सपन
विव्हल मन

22.
परम्पराएँ
कितनी भी पुरानी
होती सुहानी

23.
किसे सुनाऊ?
समाज है बहरा
डाले पहरा

24.
परम्पराएँ
धाती हैं मनुष्य की
इन्हें बचाओ

25.

हो न विवाद
करो संवाद
चुप न रहो

26.

जिम्मेदारियाँ
होती न कभी खत्म
न ही ख्वाहिशें

27.

परेशानिया
करे वक्त फैसला
हंस के टालो

28

आती है अक्ल
चले जाने के बाद
पहले नहीं

29.

पनीली आँखे
सुख दु:ख दोनों में
तडपे दिल

30.

विहग-वृंद
उडते हैं स्वछंद
तोड बंधन

31.

कुछ सबक
जिंदगी पाठशाला
देती गजब

32.

इन्द्रधनुष
खो सा जाता है ऐसे
उम्र के जैसे

33.

संवेदनाए
हैं धाती मनुष्य की
न मारो इन्हें

34.

विचित्र सभा
सब आपस में ही
खुजाते पीठ

35.

उसके लिए
पूरी है न हलवा
गरीब पेट

36.

गरीब वास्ते
न चीनी न नमक
बेस्वाद सब

37.

पुरानी यादें
कैंमरे में हैं कैद
बनी तस्वीर

38.

शेर के जैसा
निर्भीक दबंग सा
चाहू में जीना

39.

तान या तन
बेशक टूट जाए
न टूटे मन

40.

प्लास्टिक मनी
स्माइल भी प्लास्टिक
कृत्रिम जहां?

41.

बाहर नहीं
मन है कब्रिस्तान
आत्मा दफन

42.

अकेलापन
बांच लो, बांटो इसे
न घेरे अब

43.

स्वच्छता नहीं
एक दिन की बात
कच्ची सौगात

44.

साफ-सफाई
अंदरूनी आदत
तन-मन की

45.
गरीब बच्चे
धरोहर राष्ट्र की
नहीं अनाथ

46.
कच्ची दोस्ती सा
अधपका चावल
चिपके दाढ़

47.
चंचल मन
कर कभी विश्राम
सुबह शाम

48.
करे अस्वस्थ
घाती अकेलापन
दूर ही रहो

49.
न फेंको अन्न
रोती हैं अंतड़ियाँ
किसी भूखे की

50.

उगाता धान
बो के खून पसीना
नहीं विश्राम

51.

इन्द्रधनुषी
रंग हैं जीवन के
सुख या दुःख

52.

जी भर जियो
क्या पता कल न हो
क्यूं करें फिक्र

53.

रंगमंच का
बढ़िया कलाकार
तरता पार

54.

उर्मिला हम
लखन सम तुम
जीवन वन

55.

बसा था दिल
छोटे से खिलोने में
जैसे मंजिल

56.

सही समय
कराता इंतजार
परेशां न हो

57.

है व्यभिचार
प्रेम का व्यापार
भ्रष्ट आचार

58.

अभागिन मैं
नत इतनी रही
ओझल भई

59.

कर ले गर
गज भर घुंघट
बंद हो पट

60.

पनिहारिन
घुंघट सरकाए
लाज गिराए

61.

टूटा खिलौना
हुआ चकना चूर
जीवन क्रूर

62.

गुलदस्ते में
डालो प्यार के गुल
महकें सदा

63.

होती है ठोस
सच की बुनियाद
रखना याद

64.

गठबंधन
फेविकोल का जोड़
मत न तोड़

65.

छलकती है
जवानी पल-पल
जैसे मटकी

66

नफरत से
पड़े दिल में छाले
छलनी आत्मा

67

न करो प्रश्न
करता हर कोई
बनो उत्तर

68

महंगाई से
नहीं मरते लोग
मारता लोभ

69.

बेरोजगारी
मारती रोज-रोज
जवान मौत

70.

है भ्रष्टाचार

भी देश का दुश्मन

जैसे कोविड

71

बेरोजगारी

जीवन अभिशाप

करे विलाप

72

धनुषधारी

अर्जुन भी कर्ण भी

विजयी सच्च

73

नहीं बख्शेगी

राणाओं की धरती

कोई कायर

74

सही समय

आने पर मिलेगा

सब कुछ ही

75.

जिम्मेदारियां
होती न कभी खत्म
न ही ख्वाहिशें

76.

परेशानियां
करे वक्त फैंसला
हंस के टालो

77.

झूठी या सच्ची
बात करो खुशी की
लत है अच्छी

78.

वीरांगनाए
मिला कंधे से कन्धा
बचाए आन

79.

वीरांगनाए
हुई हैं भारत में
हर युग में

80.

ढोल मजीरा
कितना पिटता है
दे जाता खुशी

81.

प्रतिकूलता
न उम्मीद तू छोड़
रुख को मोड़

82.

लड़ा बन जो
विश्वास का अर्जुन
जीतता वही

83.

कैसे हारेगा
करता जो कोशिश
अपरम्पार

84.

छोटे कदम
में भी होता है दम
बदलें भाग्य

85.

गन्दी आदत
है दुखड़ा रोने की
तोड़ दो इसे

86.

दूर उजास
कब तक रहेगा
आना पड़ेगा

87.

हस्त रेखाएं
कर्म से हैं बनती
बना लो भाग्य

88

जिंदगी कम
ख्वाइशें बेहिसाब
आंखे हैं नम

89

इंटरनेट
साथी भी दुश्मन भी
ठीक से जानो

90

है मोदी मय

देश भी विदेश भी

वशीकरण

91.

नत नयन

की गजब कहानी

है पानी पानी

92

जगमगाए

जीत गया जुगनु

हारा अँधेरा

93.

न लगा दिल

बस देंगे ये घाव

न देंगे छाँव

94.

छुपा लो दर्द

बन जाएगा यूं ही

बड़ा तमाशा

95

कागजी किश्ती
बारिश में पतंग
गली उम्मीद

96

कैसे निभाएं
रूढ़ियाँ पहाड़ सी
खोखले मन

97

मानचित्र में
बांटे नहीं बंटता
नीला आकाश

98

सिखा ही दिया
साइलेंस है गोल्ड
वाट्स ऐप ने

99

जिंदगी भर
कितने सारे काम
मौत विश्राम

100

अकेलापन
गुबार के गुब्बारे
मत फुलाओ

4.

पींगे प्रेम की

1.

प्यासा पपीहा
हर पल चाहता
प्यार की बूंद

2.

वन में मोर
नाचे जोर-ओ-शोर
मन विभोर

3.

वो चली गई
मैं सोचता ही रहा
मेरा कसूर

4.

घिरी तन्हाई
मन हुआ कंकाल
अस्थि-पंजर

5.

बंजर मन
रोपा प्रेम का आंसू
प्रेमाग्नि जली

6.

प्रीत का तीर
चलाते रहे नैन
पुलके दिल

7.

ओ दिलदार
बस कर ले प्यार
यही संसार

8.

मोरे बलम
मत कर सितम
समझ भी जा

9.

उर में मधु
जैसे सुधा कलश
भीगा हलक

10.

नैन लुटेरा
लूट गया आराम
काम तमाम

11.

पनीली आँखें
आंसू का जमघट
दृग छलके

12.

प्रतीक्षारत
आंसू गिरे न कभी
लगी न दुखी

13.

पनिहारिन
जावे छमक-छम
थिरके मन

14.

धनुष डोर
उसकी अंगडाई
चित्त का चोर

15

तेरे अधर
अमृत का कलश
पी लूं तो जरा

16.

चित्त के चोर
न कर आनाकानी
बाँध ले डोर

17.

नेह कवच
पा कर सजनिया
हो गई लाल

18.

उलझी साँसे
बंधी मन की पांखें,
न जाने कब

19.

मिले नयन
कपोल पर रोली
जैसे हो होली

20.

ले गई दिल
बो गई जो सरसों
तेरी मुस्कान

21.

नहीं लालसा
तेरे सिवाय कोई
ओ दिल द्रोही

22.

छप्पन छुरी
खड़े सब कतार
मिला न प्यार

23.

बजा मजीरा
धड़के धड़कन
दिल ढोल सा

24.

टूट जाता है
मन हो या मटका
जरा चटका

25.

रुक, सुन ना
दिल तड़पता है
ठंडक दिला

26.

सच ही तो है
प्यार बना तराना
है अफसाना

27.

सावन आया
हुआ झंकृत मन
तुझको पाया

28.

तुम जो मिलो
मौत से ठान लूंगा
ठानूंगा रार

29.

रुकावटें थी
मिली ठोकरें सभी
दिल में कहीं

30.

तुम्हारे बिन
जीवन शमशान
छूटत प्राण

31.

आता है तू भी
जैसे सर्दी में धूप
कभी-कबार

32.

पलक मूंद
चाहता उम्रकैद
छूटू न कभी

33.

पट न खोल
छोड़ लाज न पानी
अरे दिवानी

34.

चाँद सितारे
प्यार परखने को
मत मांगना

35.

सच थे प्रेम
न तोडो मेरा भ्रम
रहने भी दो

36.

प्रियतम को
महेंदी की खुशबू
करे पागल

37.

जब लौटोगे
चमकेगा आईना
होगा श्रृंगार

38.

तुम्हारा मन
गंगा के किनारे सा
पावन घाट

39.

छूट न पाऊं
दिनभर तुमसे
हो मैगनेट

40.

मोती की लड़ी
हंसी जब भी तुम
टूट के पड़ी

41.

महकी सांसे
अघर की कम्पन
जैसे चन्दन

42.

प्रेम में मुझे
अपना बना लिया
शुक्रिया तेरा

43.

गुजरे यूं तू
पथरीली राह भी
हुई पुष्पित

44.

नहीं तुझसा
न धरा न गगन
तुझ में मग्न

45.
सांप काटे का
और दिल बांटे का
कोई न तोड़

46.
पहरेदार
धड़कन से बोलो
ताले को तोड़ो

47.
प्यार की यादें
बहुत अनमोल
हैं ये बेजोड़

48.
मन पंछी सा
फुदके यहाँ वहां
बता तू कहाँ?

49.
बाजुओं में है
मधुर मोहपाश
पूरा आकाश

50.

न तोल इसे
है कमबख्त इश्क
है अनमोल

51.

प्यार का दीप
फैला रहा उजेरा
रोशन प्रीत

52.

भूला नहीं हूँ
तेरी ये बेवफाई
ओ ! हरजाई !

53.

व्योम विशाल
मेरी चूनर जैसा
मन महका

54.

बारह मास
न जाना कहीं पर
रहना पास

55.

नत नयन
की सुन ले कहन
मत शरमा

56

गठबंधन
खिला रजनीगंधा
गुंधा प्यार में

57

पुष्पगुच्छ से
भांति-भांति के रंग
प्रेम-प्रीत के

58

मन का पंछी
गाए गुनगुनाए
पिया बावरे

59.

सुर सजाओ
सजनी सज रही
पीया बुलाओ

60.

अबकी बार
देखूं भर नयन
लेकर प्यार

61.

फसां दाड में
अमरुद का दाना
बन के याद

62.

दिल के चोर
चोरी कर के न जा
साथ में ले जा

63.

तुम्हे देखा तो
स्पंदन परेशान
झनझनाए

64.

ये पायलिया
करती दिल धक
रहती पग

65.

तुमसे बना
यह घर मकान
नहीं दुकान

66.

बड़ा जरूरी
ये कमबख्त इश्क
है मजबूरी

67.

बीत न जाए
उम्मीद के सहारे
सारी जिंदगी

68.

बतियाने को
आ जाना फुर्सत में
अभी निहारें

69.

शाम गुजारो
फुरसत में आओ
गले लगाओ

70.

नेह कवच
मांगे रे पपिहरा
स्वाति की बूँद

71.

बिछाया जाल
बनके बहेलिया
चुराया मन

72.

लगा तुम हो
बजने लगे तार
धड़कन के

73.

आहिस्ता से वो
बस गया दिल में
बिना आहट

74.

नहीं मिलते
शापित दिन-रात
हमारे जैसे

75.

चकवा पक्षी
चिर-अभिशापित
क्रंदन करें

76.

लैला मजनू
नहीं थे वे पागल
प्रेम दीवाने

77.

लैला मजनू
थे प्रेम में पागल
डूबे सरयू

78.

सहलाती है
ठण्ड में धूप, जैसे
तुम्हारी प्रीत

79.

तुम्हारे बिन
टूटा पेड़ से पात
अधूरी बात

80.

तुझे खो कर
नहीं मिला कुछ भी
खाई ठोकर

81.

मुस्कुराओ न
नैन हंस रहे हैं
शरमाओ ना

82.

तुम्हारे बिन
घनघोर तिमिर
प्यार शिविर

83.

तुम्हारे ख्वाब
बन गए उजेरा
हटा तिमिर

84.

प्रीत का तीर
चलाते रहे नयन
पुलका दिल

85.

मीठी हैं यादें
गुलाबजामुन सी
तेरे प्यार की

86.

मेरे प्यार को
न तराजू में तोल
है अनमोल

87.

जादूगरनी
मोह लेती है मुझे
तीखे नैनों से

88.

घायल करे
नजर झुका कर
बाण चलाए

89.

कब आओगे
पलकन डगर
बैठी बिछाए

90.

गुंथा गुंथा सा
प्यार हमारा, जैसे
रजनीगंधा

91.

याद है मुझे
पपड़ाए होंठों का
फडफडाना

92.

धड़का दिल
छिड़े हों जैसे तार
बजा गिटार

93.

प्रेम की पाती
पढ़ लो नयनों से
बोलती हैं ये

94.

कनखियों से
शरारती अंखियाँ
करे बतियाँ

95.

प्यार जताना
याद नहीं रहता
आता भी नहीं

96.

प्रेम, पीपल
बिना सम्भावना भी
जाते पनप

97.

मिलेंगे जब
हरेक शिकायत
करेंगे तब

98.

अभी न करो
अपनी शिकायतें
सुनेगें सब

99.

करते रहो
प्यार की शिकायतें
होती आयतें

100.

होली रे होली
मन भी भीग गया
भीगी रे चोली

5.

रिश्तों की धरोहर

1.

रिश्ते सिखाते
जुड़ कर रहना
निभाओ इन्हें

2.

खोटा सिक्का हूँ
न ये तू समझना
चलूँगा मैं ही

3.

न जाना मोल
जीते जी अपनों का
है पछताता

4.

देर हो गई
पथरा गए नेत्र
और रिश्ते भी

5.

रीति- रिवाज
भूल गए है लोग
इन्हें संजोना

6.

शक है तीली
न बचे कोई रिश्ता
बचाओ इन्हें

7.

प्रतिस्पर्धाएं
करें रिश्ते बोझिल
ज्यों गीली रुई

8.

परखो मत
टूट जाते हैं रिश्ते
परखने से

9.

किसी का साथ
अनमोल से रिश्ते
कंधे पे हाथ

10.

दूर या पास
एहसास ही काफी
जीने के लिए

11.

छलका आंसू
हो जाए मन हल्का
होते हैं भारी

12.

जलते धूं-धूं
नफरत से रिश्ते
इर्ष्या दे हवा

13.

रिश्तों की गर्मी
एहसास की गर्मी
देती खुशियां

-: बेटियां-बेटे :-

14.

चंपा चमेली
नहीं ये वंश बेल
महके वंश

15.

नन्हीं परियां
भरने दो उड़ान
तोड बेडियां

16.

कली बेटियां
हैं बेटे मनी प्लांट
जूही, चमेली

17.

नन्ही लड़की
नहीं मांगती कुछ
केवल स्वप्न

18.

बच्चों में जीते
अपना बचपन
अम्मा, बाऊजी

19.

बेटों की जात
सागर या बादल
दोनों आवारा

20.

बेटे होते हैं
घुट जाने के लिए
प्राणों के जैसे

21.

लख्ते जिगर
दिल में है हमेशा
तेरी फिकर

22.

बच्चा गोपाल
हर माँ है यशोदा
रिश्ता कमाल

23.

नदी के जैसी
निर्मल व चंचल
होती बेटियां

–: माँ :–

24.

धरा और माँ
न करें शिकायत
सहती रहे

25.

माँ का बिलोया
घी, सफेद मक्खन
आता है याद

26.

लडती है माँ
समझाने को उन्हें
छोटी बच्ची सी

27.

एक मां ही है
लुटाती है आशीष
बिन मांगे भी

28.

पसीज जाती
देखती परेशानी
माफ नादानी

29.

माँ की ममता
उमड़-घुमड़ के
दे आशीर्वाद

30.

लडती है मां
समझाने को उन्हें
छोटी बच्ची सी

31.

मां तो मां ही है
नहीं इसकी बात
तेरी या मेरी

३२.

माँ की ममता
मरहम लगाती
दु:ख भुलाती

33.

लेप लगाती
हर दु:ख भुलाती
स्नेहमयी माँ

34.

माँ के अंक में
सारा जग समाया
मैं मुस्कुराया

35.
माँ तो माँ ही है
नहीं इसकी जात
तेरी या मेरी

36.
करारी रोटी
बेलन से पिटाई
याद है मुझे

37.
एक माँ ही है
लुटाती है आशीष
बिन मांगे भी

38.
मोमबत्ती सी
जलती पिघलती
सबकी माएँ

39.
माथे पे मां के
त्योंरियां हैं अनंत
माखन मन

40

देती दुआएं
गिनती नहीं नेकी
वो मां ही तो है

41

याद आती है
माता की मीठी लोरी
नींद की गोली

42

मां के गहने
सबको दिखाती है
उसके बच्चे

43

आने दो धूप
माँ बनाएगी चोटी
सीढीयों पर

-: स्त्री मन :-

44.

नारी है पूज्या
हर एक रूप में
नहीं वो भोग्या

45.

पंचभरत्री
रहे पांच के साथ
करे विलाप

46.

छुई-मुई सा
छू के शरमा जाए
स्त्री का मन

47.

रख संभाल
न टांग खूंटी पर
अस्मिता स्त्री की

48.

किसी घर की
मां, बहन या बेटी
होती है स्त्री

-: पिता :-

49.

याद आता है
बाबुल का अंगना
और खिलना

50.

कठोर नहीँ
पिता हैं बरगद
देते हैं छाँव

51.

हरेक पिता
बरगद का पेड़
विचार नेक

52.

मेरे बाबुल
भुलाते हर भूल
निकालें शूल

53.

पिता ओ पिता
हाँ हो तुम ही खुदा
धरती पर

54.

पिता ओ पिता
सच ही तो है
तुम ही खुदा

55.

कठोर तुम
बस ऊपर से हो
हो नारियल

56

छोड़ा आँगन
साबुन सी मैं गली
खोया अस्तित्व

57.

पिता का हाथ
पथरीली राह में
बनी छतरी

58.

उम्मीद, आस
हिम्मत व विश्वास
होते है पिता

59

तिमिर चांद
संघर्ष में हौंसला
पिता रोशनी

60

पिता सारथी
जिंदगी के रथ के
रण विजय

61

पिता के पास
जीवन की मुस्कान
नहीं है मस्का

62

जिंदगी धूप
ताने रहे छतरी
हमेशा पिता

63.

रखना ध्यान
जरजर न होना
ठोस पिताजी

64.

पिता के शब्द
गीता कुरान जैसे
बांचते रहो

65

यार से यारी
दुख में भागीदारी
तेरा है जिम्मा

66.

अच्छी नहीं हैं
नानी की कहानियाँ
नानी के बिना

67.

बड़े बुजुर्ग
अमीर अशियाना
होता इन से

68.

मेरी कहानी
सुनी तेरी जुबानी
मेहरबानी

69.

तेरी मुस्कान
बोगनविलिया सी
हल्की गुलाबी

70.

नैनों के भाव
पढ़े थे जो तुमने
थे प्रेमपत्र

71

मिसरी जैसी
अनुभूति प्यार की
मेरे यार की

72.

तस्वीर तेरी
सजी मन मंदिर
रखी संभाल

73

नहीं ये ख्वाब
मिले तुम थे आज
हर कोने में

74.

अबकी बार
यूँ आना भरतार
न जाना पार

75.

तेरी चूनर
कर गई झंकृत
मन के तार

76.

यार की यारी
मिलती मुश्किल से
न तज इसे

77.

तुम्हारी आँखें
गहरी खन्दक सी
खो जाती हूँ मैं

78.

तुम्हारे बिन
नीरस थी जिंदगी
था सूनापन

79.

तुमसे प्यार
साधारण है बात
फिर भी खास

80.

तेरे नयन
बंद हो या के खुले
लूटते चैन

81.

सपना टूटा
ओ! मेरा प्रियतम
जैसे हो रूठा

82.

सिन्दूर भी है
सुहाग की निशानी
और बिछुआ

83.

आती है उषा
बढाती है अगन
जैसे दुल्हन

84.

तुम्हारे नैन
रहते अपलक
बस गई मैं

85.

तुम्हारा आना
लगा मरहम सा
दर्दे-दिल पे

86

याद आती है
सदा जाने के बाद
तुम्हारी बात

87.

मेरे अंगना
खिला रजनीगंधा
क्या ये तुम हो

88.

मधु मालती
लिपटी है सांसो में
और तुम भी

89.

तुझसे बना
खूबसूरत जहां
जहां जन्नत

90.

जहां हो तुम
जहां हुआ जन्नत
लगे है खुदा

91.

ये धडकन
जैसे हो झुनझुना
बजने लगा

92.

खामोश जादू
तुम्हारी निगाहों में
विस्मित करे

93.

हमसफर
एक राह के साथी
रस्ता आसान

94.

बनो श्रवण
मात-पिता की सेवा
है सच्चा धर्म

95.

लाल कनेर
मिलता मुश्किल से
जैसे मिला तू

96.

गंघराज हो
महकाया जीवन
और तन भी

97.

है बड़ा मजा
तुमने ही कहा था
इंतजार में

98.

मेरी कथा के
तुम ही हो नायक
मेहरबानी

99.

तुम्हारा जाना
कर गया है खाली
मुझको पूरा

100.

तुम्हारे ख्वाब
रोशन करें दिल
है झिलमिल

6.

भक्ति की लहर

1.

छोड़ा रब पे
जोड़ा रब से नाता
अपना खाता

2.

गिरिधर ने
लड़ कर इंद्र से
बचाए भक्त

3.

भरोसा करो
ईश्वर पर सदा
न मिले दगा

4.

शुक्रगुजार
परवरदिगार
अपरम्पार

5.
कर दो कृपा
न रहे अंधकार
हे करतार !

6.
खाऊँ ठोकर
संभाल लेना मुझे
ए मेरे प्रभु !

7.
कृष्ण मुरारी
बसे मन मंदिर
हर मीरा के

8.
श्याम सुन्दर
हर रूप में लगे
मन मोहना

9.
है डोर बैल
क्या मंदिर की घंटी
परमात्मा की

10.

पलना झूले
जब बाल गोपाल
मनवा फूले

11.

युग पुरुष
होता युग में एक
राम या कृष्ण

12.

गूंगा ईमान
छोड़ा परोपकार
छूटे संस्कार

13.

ओ चित्त चोर
नाचे पायल तोड़
मीरा बाबरी

14.

पवित्र ग्रन्थ
अलमारी में बंद
आत्मा के जैसे

15.

मोर का पंख
तेरो मुकुट भयो
मेरो तू भयो

16.

बाल गोपाल
जब झूले पलना
रही निहार

17.

काटे बिछुआ
करे दिल में दर्द
पहनू पग

18.

प्रभुने कहा
मिलुंगा मैं जरुर
कर विश्वास

19.

न मिले अभी
न होना तू अधीर
मिलेंगे पीव

20.

तेरी तरह
विश्वास है अदृश्य
हाँ है निश्चय

21.

मंदिर चलो
आस्था के दीपक से
ईश्वर रचो

22.

स्थापित हुआ/करो
मन में शिवलिंग
करो रुद्राभिषेक

23.

फंसाती रही
जिन्दगी बहेलिया
बुन के जाल

24.

आस लिए मैं
तेरी देहरी पर
जली दिए सी

25.

रखो संभाल
चरित्र एक वृक्ष
प्रतिष्ठा छाया

26.

लक्ष्मी जी बैठें
बीचों-बीच ताल के
कमल - चौंकी

27.

राधा या मीरा
प्रेम की पराकाष्ठा
दोनों ने पाई

28.

पाऊं या देऊ
ह्रदय भरा प्रेम
हुआ अनन्त

29.

प्रेम में मग्न
कृष्ण की बहुरिया
सब गोपियाँ

30.

कर्म का चक्र
जन्म-जन्मान्तर का
करो सुकर्म

31.

मन पंछी सा
उड़ न जाए कहीं
बांधो डोर से

32.

कडवे बोल
घोलते है जहर
कभी न बोल

33.

संवाद करो
नफरत न करो
चुप न रहो

34.

नहीं भटक
तू अपने लक्ष्य से
दु:ख सटक

35.

जब बनेंगे
मैं तू और तुम मैं
हों एकाकार

36.

तेरा सहारा
डूब रही कश्ती को
मिले किनारे

37.

झुकता है जो
जैसे कुएं में बाल्टी
निकले भरी

38.

खौलता पानी
प्रतिबिंब न बने
क्रोध के जैसे

39.

अज्ञानी व्यक्ति
छिपाए गलतियॉ
ज्ञानी मिटाए

40.

ये विघ्नहर्ता
हरे विघ्न आपके
लक्ष्मी, गणेश

41.

पकड़ो बांह
ईश्वर की हमेशा
मिले सहारा

42.

वीणा वादिनी
बल, बुद्धि, विद्या दो
उतारो पार

43.

कर्म के पास
कागज न किताब
रखे हिसाब

44

प्रेम में मग्न
कृष्ण की बहुरियां
सब गोपियाँ

45.

भरती नहीं
मनुष्य की तृष्णा
कसो लगाम

46.

जीवन, मृत्यु
जरूरी संतुलन
समझो इसे

47.

सदैव श्रेष्ठ
मन और मस्तिष्क
जो हो संतुष्ट

48.

रिश्ता न दोस्त
बदलो खुद को ही
धूल हटाओ

49.

राधा या मीरा
प्रेम की पराकाष्ठा
दोनों ने पाई

50.

दे अहंकार
धन की सम्पन्नता
ढ़ोंगी जिंदगी

51.

आएगा काम
ईश्वर पे यकीन
पैसे से ज्यादा

52.

करो कमाई
सुमिरन में बैठो
जगाओ आत्मा

53.

पाऊँ या देऊँ
हृदय भरा प्रेम
हुआ उन्नत

54.

संकांति पर्व
क्रांति का सूत्रपात
मौसम, वक्त

55.

केशव कुञ्ज
छनकाती पायल
पगली राधा

56.

जपते रहो
बदले तकदीर
राम नाम से

57.

क्षमा, नम्रता
है सर्वश्रेष्ठ गुण
अतुलनीय

58.

संयासी नहीं
पहले पुरूषार्थी
फिर आस्तिक

59

सोता चैन से
ईमानदार व्यक्ति
सुकून आत्मा

60

न कर बंदे
गम की नुमाइश
सहना सीख

61.

पगला भौरा
रहता मदमस्त
पी कर मधु

62.

हमेशा बजी
प्रेम की डुगडुगी
हारती घृणा

63.

मन का घड़ा
भरो अच्छाइयों से
करके नेकी

64.

मिट्टी का घड़ा
और मिट्टी का तन
मिले मिट्टी में

65.

सादा जीवन
भरा परोपकार
ऊँचे विचार

66

खो दो जलन
खीझ, ईर्ष्या, खिन्नता
करो प्रार्थना

67

हर जगह
हो जाए वृंदावन
जपो हे कृष्ण

68

भोगी न योगी
बनो रे उपयोगी
किसी के लिए

69

होता शीतल
चंदन से वंदन
अच्छा स्वभाव

70

सतसंग से

दूर व्याप्त बुराई

धुलता मैल

71

परम ज्ञानी

न निकालता खोट

धोता बुराई

72

पा लिया कृष्ण

कहते रहे लोग

मीरा बावरी

73

जो मिला अच्छा

रहते जो संतुष्ट

भाग्यशाली वो

74

बुरे भाव से

मैला अंत:करण

इर्ष्या से बचो

75

गहरे दोनों
गुरूबाणी व प्रेम
डूबे तो तरे

76

मनुष्य जन्म
सत्कर्म ही जीवन
करते रहो

77

मिलाए प्रभु
सुमिरन व नेकी
दर की चाबी

78

हमारे लिए
ईश्वर के फैंसले
हैं बेहतर

79

संसारी तृष्णा
दौडाए यहॉं वहॉं
मत भटको

80

हंसो हंसाओ
न दिल ही दुखाओ
हो गई पूजा

81

खुदा दिल में
नहीं जुदा तुमसे
तू ही है जुदा

82

'मालिक' की है
असली रहमत
बंदों की नहीं

83

राधा का कृष्णा
दौड-दौड है आता
सच्चा हो प्रेम

84

आशा अम्बार
इच्छाओं की कतार
संतुष्टि चाबी

85

अच्छा स्वभाव
पहचान निखारे
शान बढ़ाए

86

निंदक अच्छा
झूठे प्रशंसक से
हो सावधान

87

रात अंधेरी
जगाओ ज्ञान की लौ
मिटे अंधेरा

88

पैदा हो आग
चित्त का चकमक
रगड़ो रोज

89

संतो की वाणी
पर करो अमल
उतारे पार

90.

रहो सुख में
अहंकार रहित
दु:ख में धैर्य

91.

आत्मा जानती
क्या सही क्या गलत
मन चुनौती

92.

रख हिसाब
राम नाम का नहीं
बुरे कर्मों का

93.

माला फेरता
मनके गिन-गिन
पाप अनंत

94.

जैसे वो रखे
है उसमें भलाई
रखना याद

95.

परमपिता
जिंदगी के पालक
अप्रत्याशित

96.

राम नाम से
अंदरूनी ताकत
बढती जाए

97.

परम ज्ञानी
मिटा व्याप्त बुराई
खुद अपनी

98.

मंदिर चलो
आस्था के दीपक से
ईश्वर रचो

99.

हो जैसा बीज
नहीं दोष पानी का
कर्मों का दोष

100

इमली खट्टी
करेला नीम कटु
पानी एक है

7.

भारत की तीज त्योहार

-: दिवाली :-

1.

धनी निर्धन
पूजें लक्ष्मी गणेश
आशा का दीप

2.

पग-पग पे
जगाओ आस्था दीप
जगमगाओ

3.

बांटो मिठाई
आए हैं सिया-राम
लौटे वन से

4.

न करो शोक
तिमिर न छलेगा
अब सूर्य को

5.

मन में आशा
जले दीप से दीप
भागा अँधेरा

6.

लक्ष्मी सृजन
बीचों-बीच कमल
करें पूजन

7.

घिरा था तम
बजा दीपक राग
फैला आलोक

8.

कितने दीप
बरगद के पास
हर चौबारे

9.

था वनवास
दशरथ कुमार
चारों ही का था

10.
दीपों की लड़ी
हटाए अंधकार
रोशन मन

11.
दीप मालिका
अमावस्या की सौत
ध्वस्त तिमिर

12.
खील बताशे
पूजो लक्ष्मी गणेश
आई दिवाली

13.
मिट्टी के दीये
करें जग रोशन
जलती बाती

14.
चौदह वर्ष
कटे अमावस्या से
चन्द्र ग्रहण

15.
ये ज्योतिर्पुंज
लगें दीपमालिका
प्रकाशपुंज

-: सावन :-

16.
तीज-त्यौहार
पुरानी धरोहर
नया आगाज

17.
झूलों की पींगे
भावों के मनाकाश
छू लें गगन

18.
झूले हिंडोला
सपने साजन के
मन में लिए

19.
नाचती बूंदें
थिरकती बदरा
यहाँ से वहां

20.

इन्द्रधनुष
नभ के माथे ताज
सजा हो जैसे

21.

सावन मास
देता जीने की आस
हँसे किसान

22.

आया सावन
जगे धरा के भाग
हंसा मौसम

23.

लिखे कविता
कवि भी जिस पर
वो है सावन

24.

आया सावन
झूमते पक्षी, वृक्ष
गाओ मल्हार

25.

सावन आता
याद है दिला जाता
बीते प्रेम की

-: होली :-

26.

आई रे होली
डाल-डाल पलाश
प्रकृति लाल

27.

आई बरखा
दिया धरा को रंग
प्रकृति लाल

28.

जली होलिका
जलते अवगुण
पापों का अंत

29.

जा रही सर्दी
गर्मी करे आहट
होली है आई

30.

प्रेम–प्रीत ले
रंगों की महफिल
लाई है होली

31.

होली का पर्व
बौछार ही बौछार
रंग व खुशी

32.

हर और हैं
इन्द्रधनुषी रंग
भाल या गाल

33.

भीगे है मन
गाओ मंगल फाग
प्रेम का राग

34.

जलें होलिका
बचते प्रहलाद
विजयी भक्त

35.

गुजिया, भांग
अबीर, पिचकारी
खेलो रे होली

36.

ब्रजवासिन
देती है मीठी गारी (गाली)
होरी (होली) निराली

37.

ताल - मृदंग
रंगों का हुड़दंग
झूमो पी भंग (भांग)

38.

कर दो भस्म
दुश्मनी आहुति दे
जलाओ होली

39.

जमुना तट
करे है सराबोर
वो चित्तचोर

40.

मार के लट्ठ
राधा के बरसाने
खेलते होली

41.

भिगो दी पूरी
लाज का नहीं काज
चोली, चूनर

42.

रंगपंचमी
रंगों से सराबोर
होली का पर्व

43,

होली पे टोली
खाएं गुजिया,भांग
करें ठिठोली

44.

कृष्ण–मुरारी
भिगोएं राधा रानी
करें न लाज

45.

नन्द का कान्हा
बरसाने की राधा
फागुनी होली

46.

माह फाल्गुन
खेलें कृष्ण-राधिका
सखा-सखियाँ

47.

खेलों रे फाग
जीवन इक राग
जगाओ भाग

48.

नैन मिलाए
कैसे खेलूं मैं होरी
नैनों से गोली

49.

टेसू के फूल
दें गालों को रंगत
छठा निराली

50.

गाल गुलाबी
पुलक उठा मन
तोसे सजन

-: दशहरा :-

51.

किया विध्वंस
आततायी रावण
जलता धूं धूं

52.

था विभीषण
नहीँ घर का भेदी
था प्रभु - प्रेमी

53.

ले अवतार
भू पर अत्याचार
मिटाने आए

54.

धर्म की रक्षा
करी विभीषण ने
कर के त्याग

55.

सत्य की जीत
दशहरा का पर्व
होता प्रतीक

56.

थे पुरुषार्थी
कारज परमार्थ
आये थे राम

57.

सच की जीत
टूटा झूठ का गढ़
राम के हाथों

58.

हर के सीता
मरा दंभी रावण
पाप का नाश

59.

पाप का नाश
हुई लंका भी खाक
दशानन की

60.

है दशहरा
विजय का त्यौहार
हारा असत्य

61.

सीता की आस्था
थी अडिग, अटल
आएंगे राम

62.

विजयादश्मी
जीतो दसों इन्द्रियां
सन्देश यही

63.

होता विजयी
असत्य पर सत्य
चाहे अंत में

64.

है मशहूर
कुल्लू का दशहरा
छठा निराली

65.

रावण वध
महिषासुर वध
विजय पर्व

-: स्वतंत्रता दिवस :-

66.

देश की मिट्टी
लगे माथे तिलक
बन के ताज

67.

झंडे की आन
मातृभूमि की शान
रखो बचा के

68.

तन में प्राण
लहू की हर बूँद
देश के नाम

69.

व्यर्थ न जाए
शहादत वीरों की
संजो लो देश

70.

खाओ शपथ
लहरा के तिरंगा
देशभक्ति की

71.

वंदनीय माँ
मेरी भारत माता
जान कुर्बान

72.

याद रखना
स्वंत्रता के सेनानी
थे बलिदानी

73.

देश प्रेम की
भावना को जगाओ
देशभक्ति की

74.

जकड़ा देश
गुलामी की बेड़ियाँ
दी शहादत

75.

बचाओ आन
एकता, अखंडता
बचाओ शान

-: रक्षा बंधन :-

76.

मेवा, मिष्ठान
नूतन परिधान
रक्षा, सम्मान

77.

माह सावन
त्यौहार है पावन
राखी का पर्व

78.

माथा, कलाई
न सूनी हो भाई की
राखी है आई

79.

रेशम धागा
बांधे रक्षा सूत्र से
हर भाई को

80.

रक्षा बंधन
है बंधन प्रेम का
कच्ची डोर से

81.

दुआ व प्रेम
बांधे बहन राखी
भाई कलाई

82.

सजा के थाल
तिलक करे भाल
रक्षा की ढाल

83.

रक्षा की डोर
पावन व बेजोड़
न कोई और

84.

प्रीत का धागा
विश्वास का बंधन
रक्षा का वादा

85.

थाल सजा के
राखी, रोली, मिठाई
बहना आई

86.

हो चाहे दूर
होते दिल के पास
भाई बहन

87.

दु:ख हरण
का देता है वचन
भाई का प्रण

88.

भाई की आत्मा
बसती बहन में
दु:ख का साथी

89.

बचपन में
चाहे लड़ते रहे
लुटाए जान

90.

नए साल में
नई ज्योति तरंगें
नूतन रूप

91.

नूतन वर्ष
आता है हर बार
फिर खो जाता

92.

ज्योति जगाओ
जगमगाए मन
नए वर्ष में

93.

नया आगाज
करो नव वर्ष में
नया प्रकाश

94.

नई पहल
नव किरण जगें
नया सूरज

95.

नव उमंग
नव जनजीवन
नव तरंग

96.

नया उल्लास
नया आस्था दीपक
नया प्रयास

97.

छोड़ के आओ
दकियानूसी बातें
करें तरक्की

98.

नए संकल्प
आगत का स्वागत
करें मिल के

99.

हो मंगलमय
नव वर्ष के दिन
सारे के सारे

100.

नई दस्तक
नई आशा किरण
नई सुबहें

***